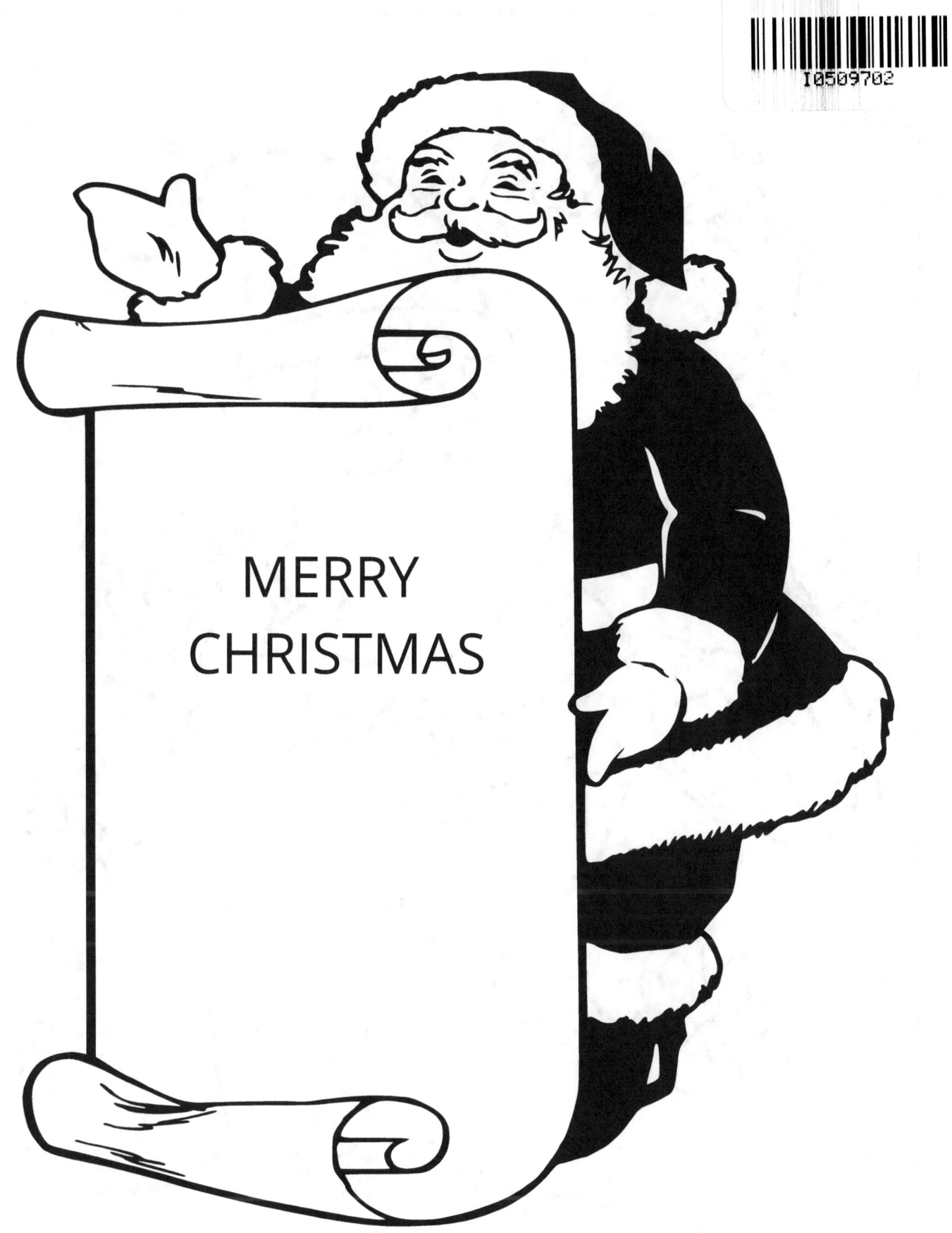

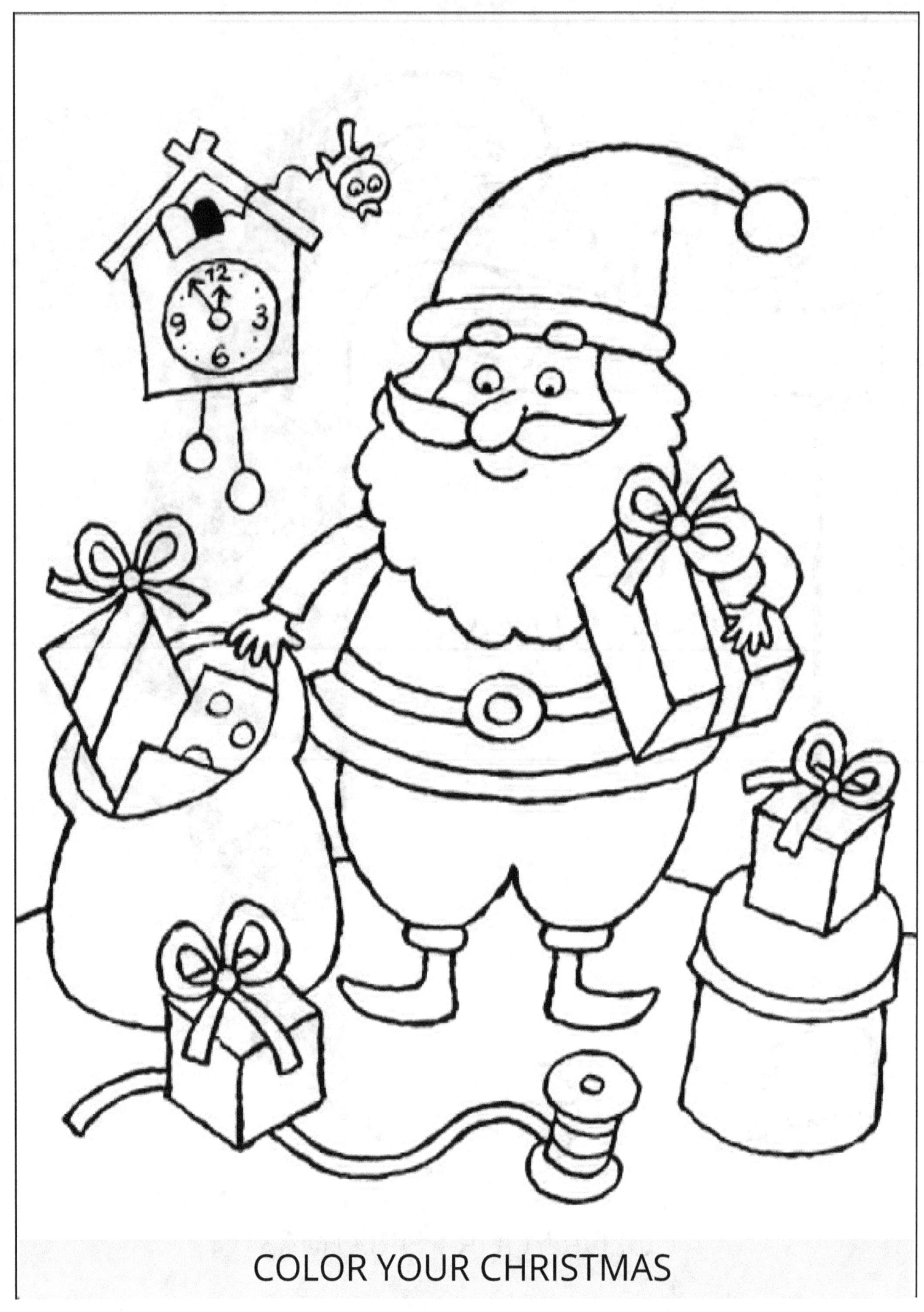

COLOR YOUR CHRISTMAS

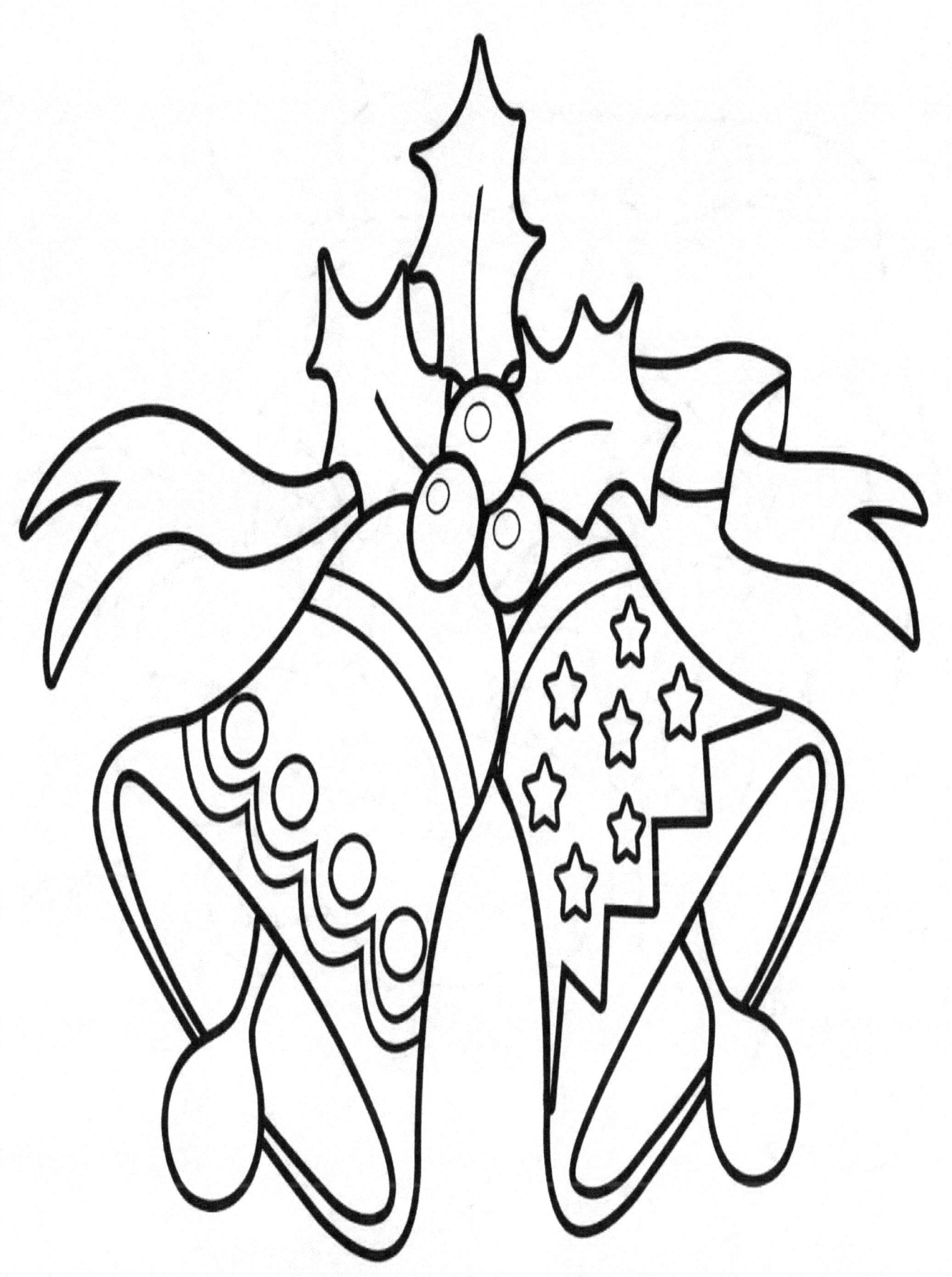

COLOR YOUR CHRISTMAS

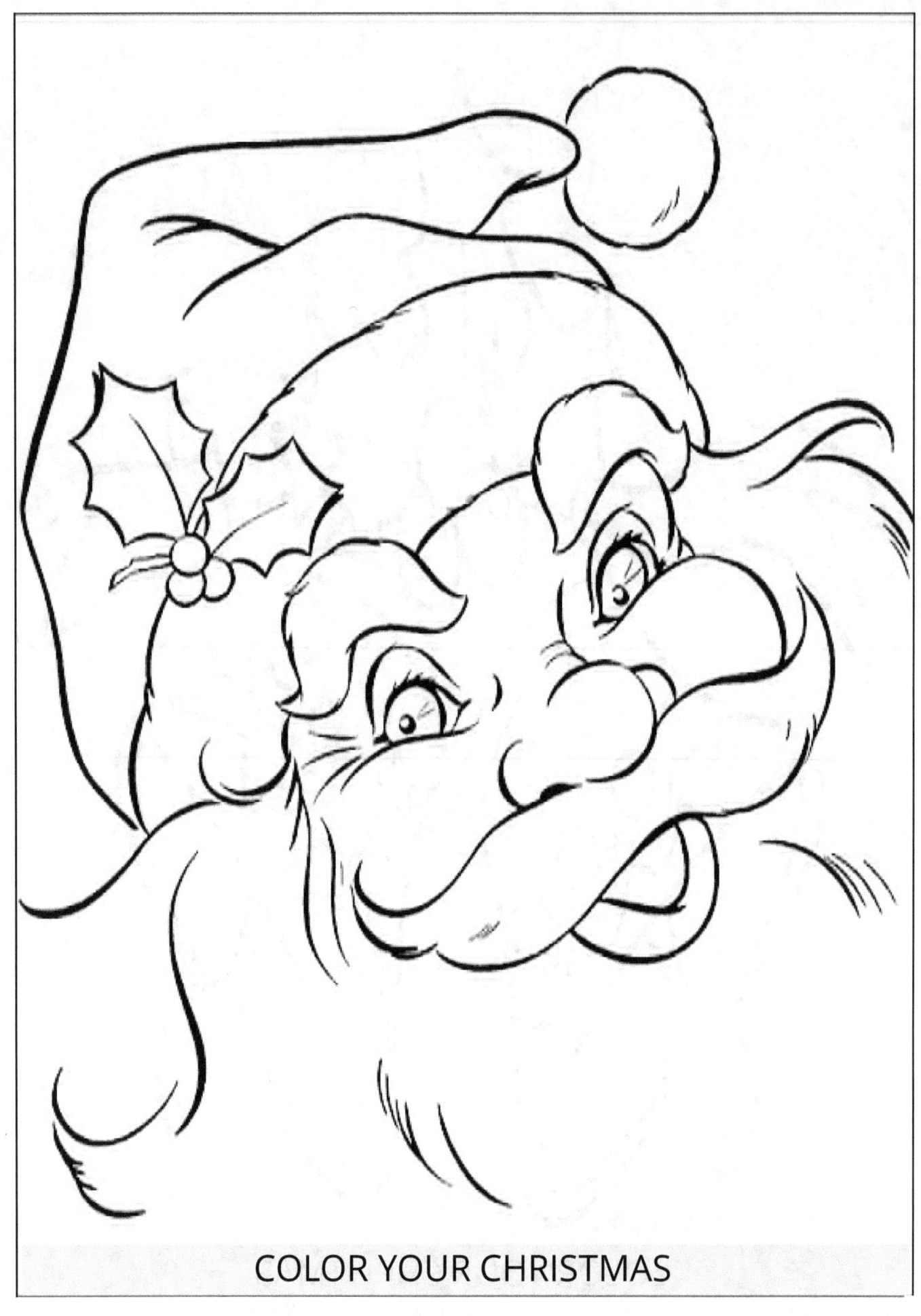

COLOR YOUR CHRISTMAS

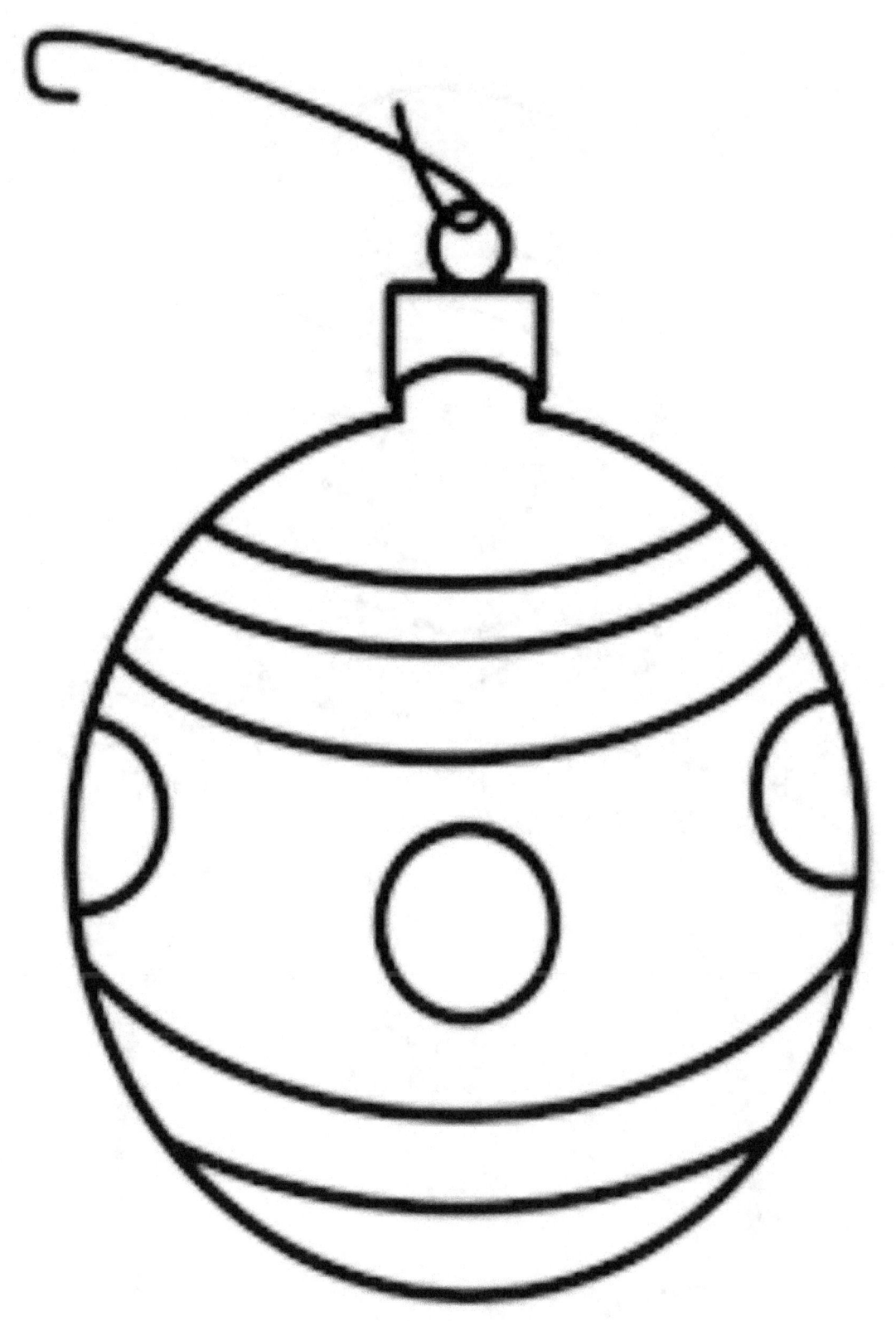

COLOR YOUR CHRISTMAS

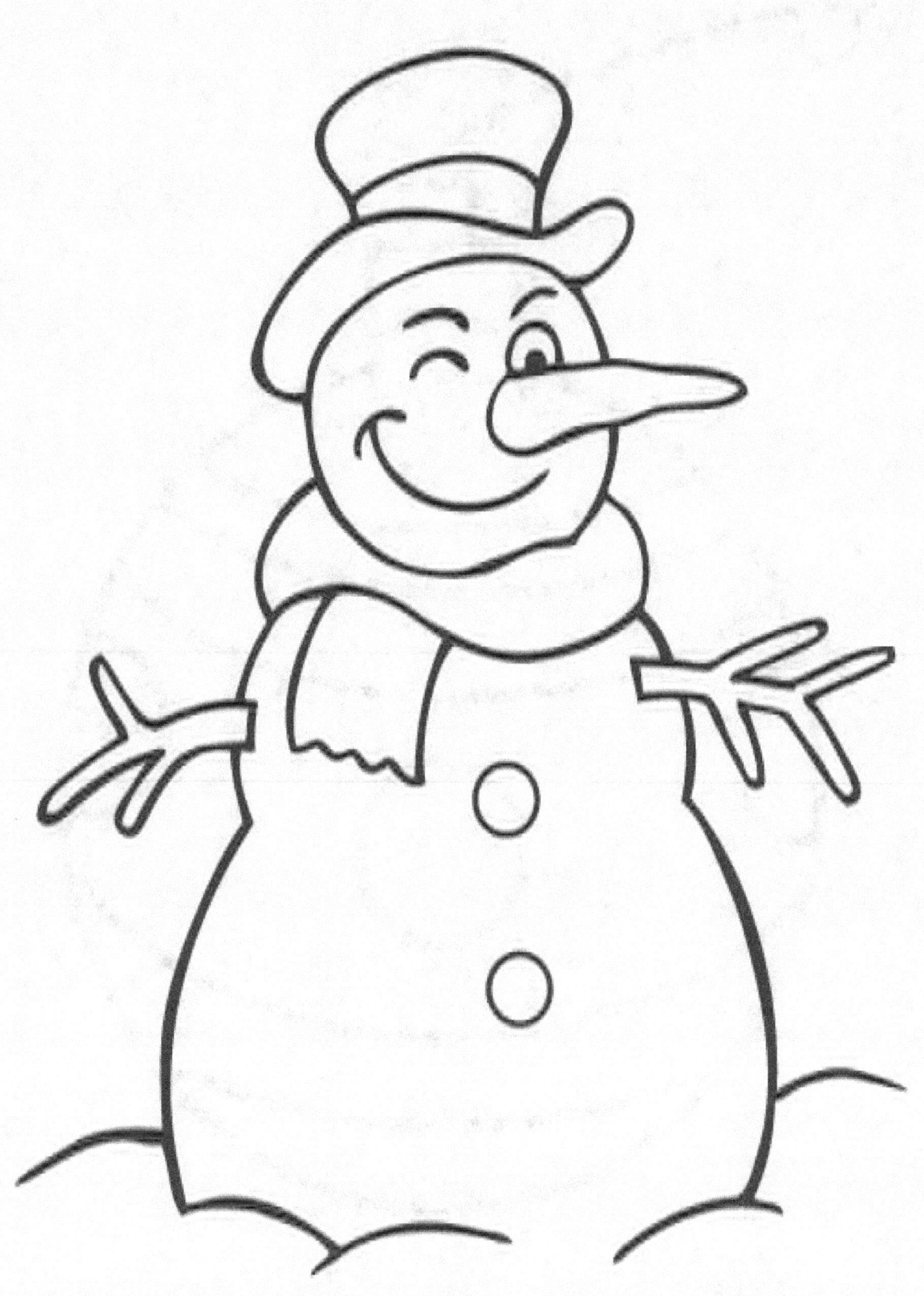

COLOR YOUR CHRISTMAS

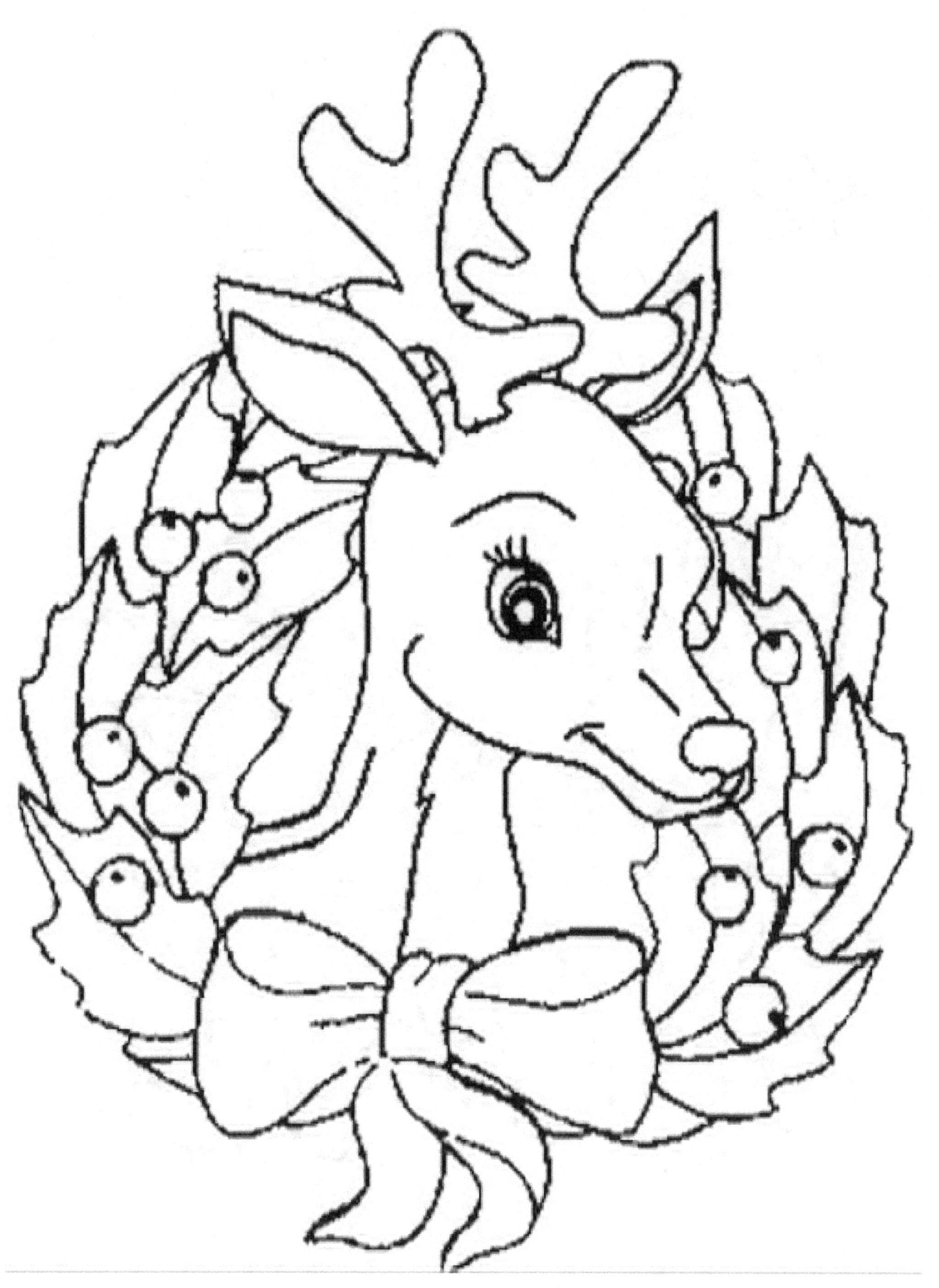

COLOR YOUR CHRISTMAS

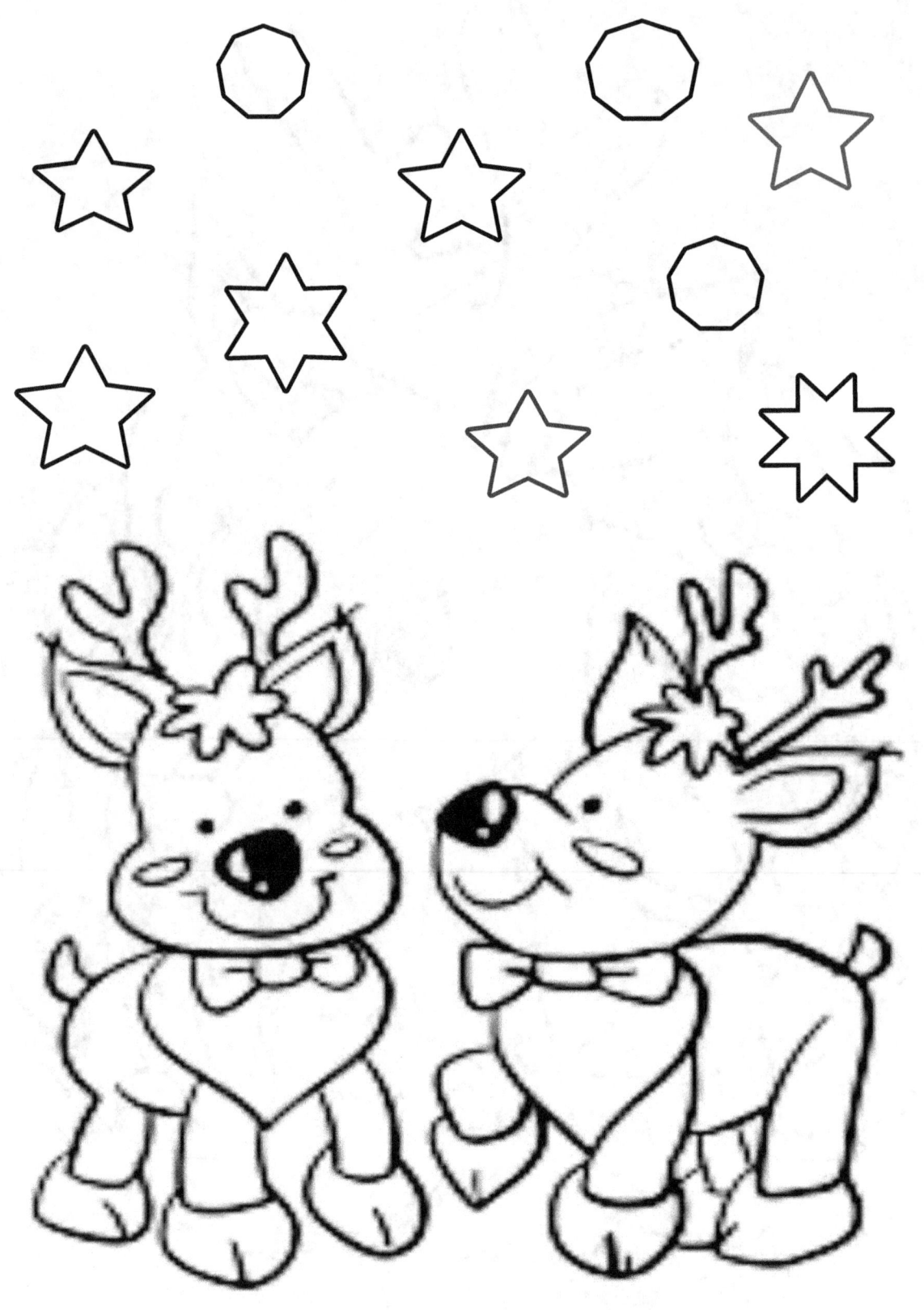

COLOR YOUR CHRISTMAS

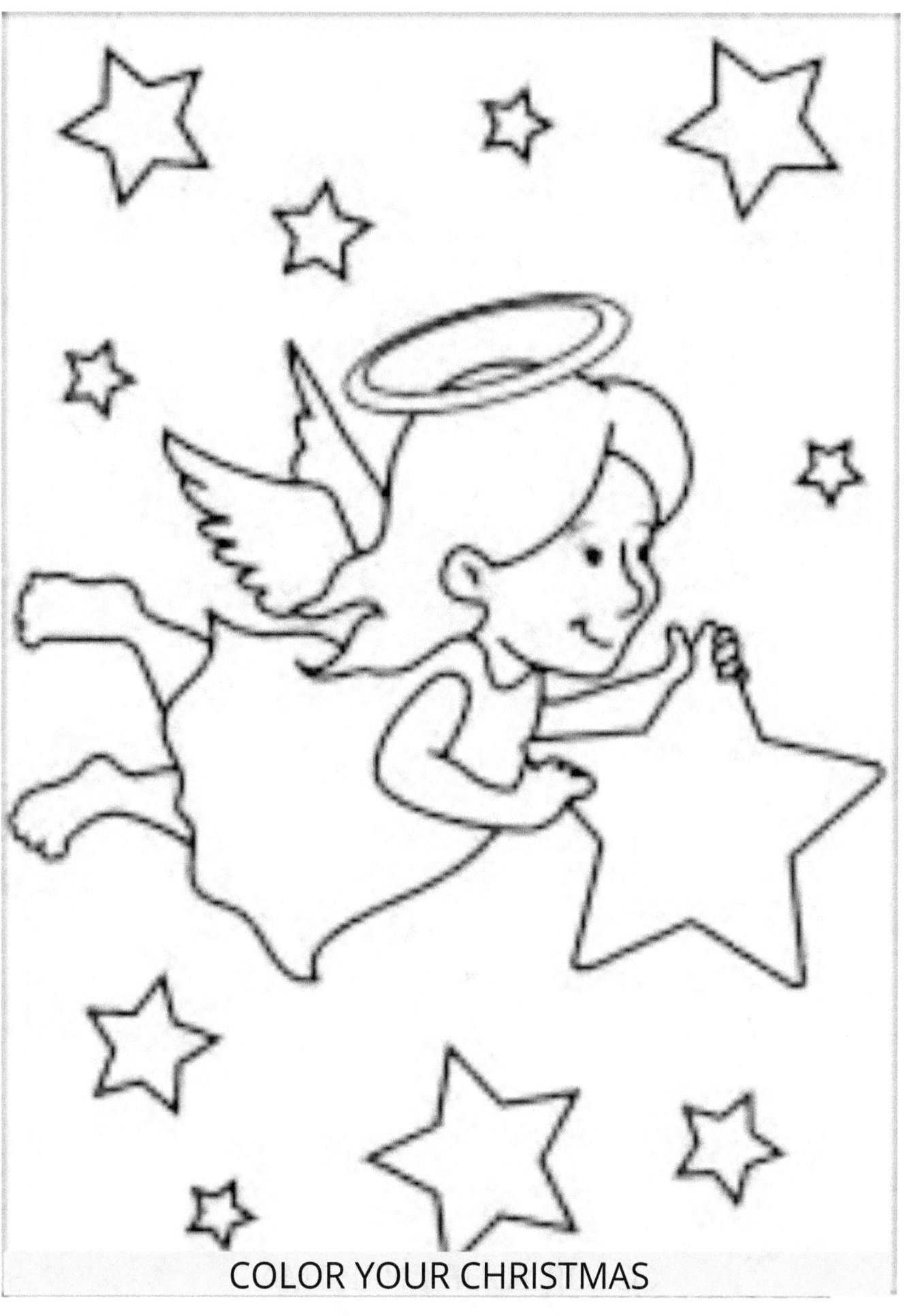

COLOR YOUR CHRISTMAS

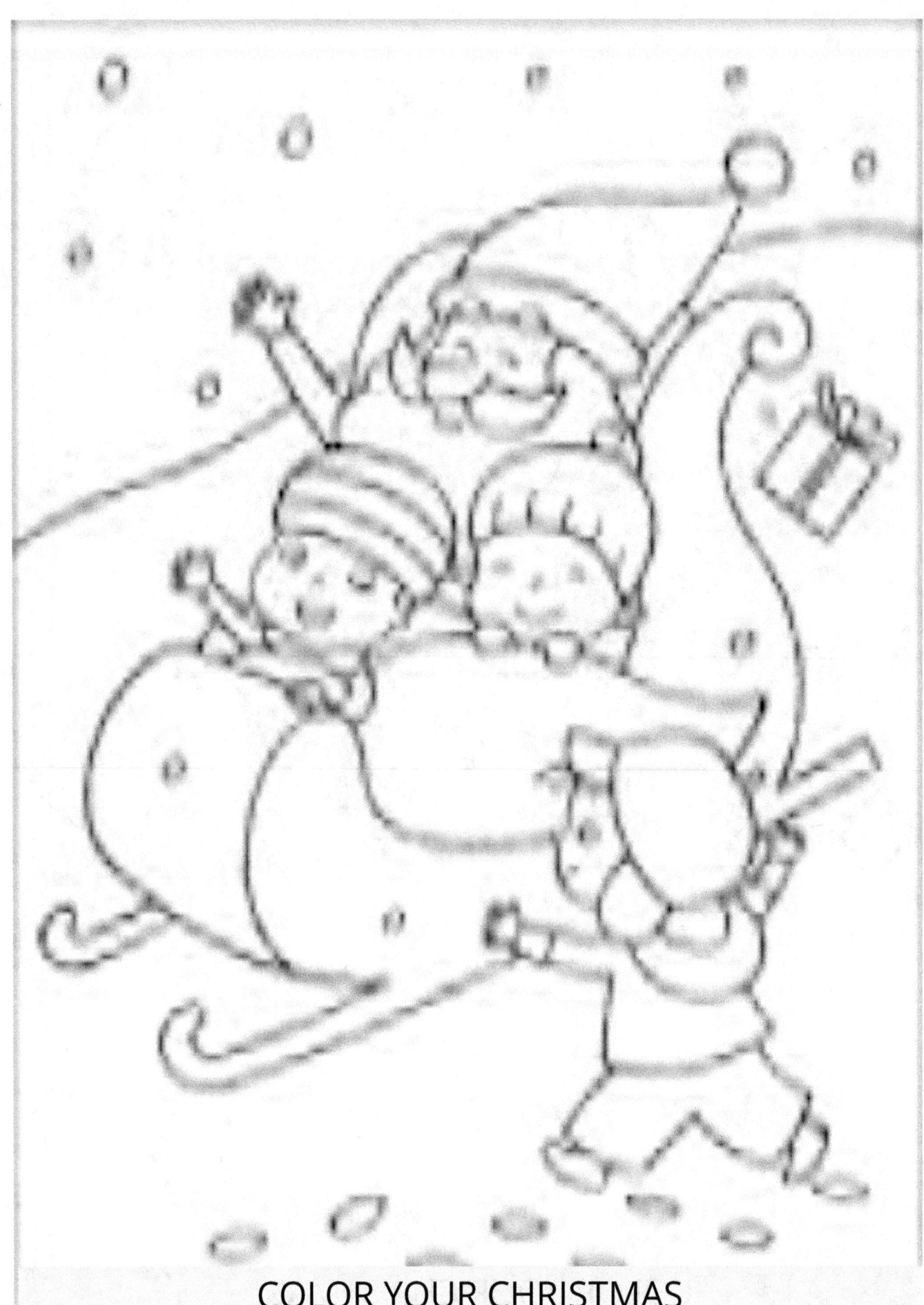

COLOR YOUR CHRISTMAS

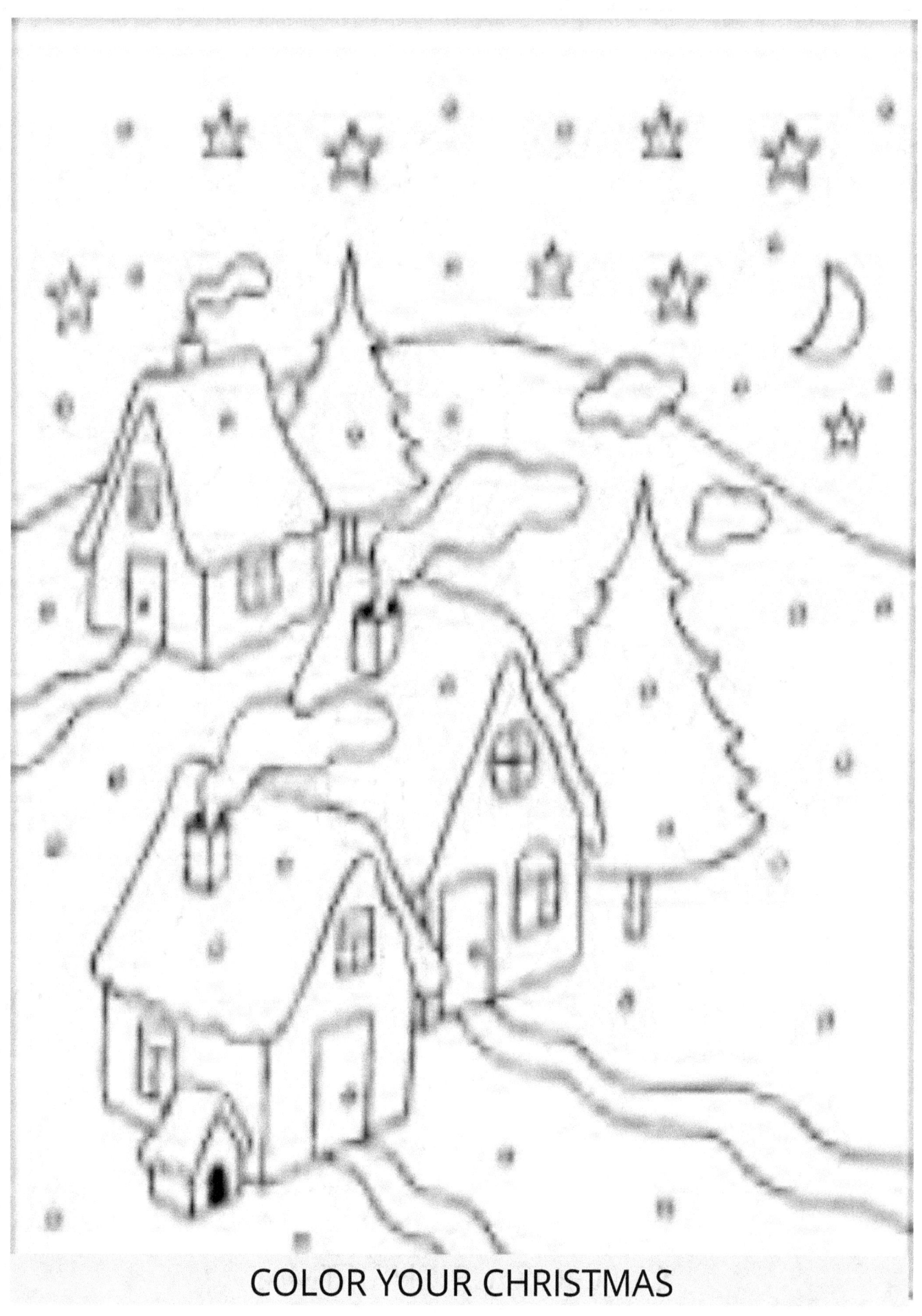

COLOR YOUR CHRISTMAS

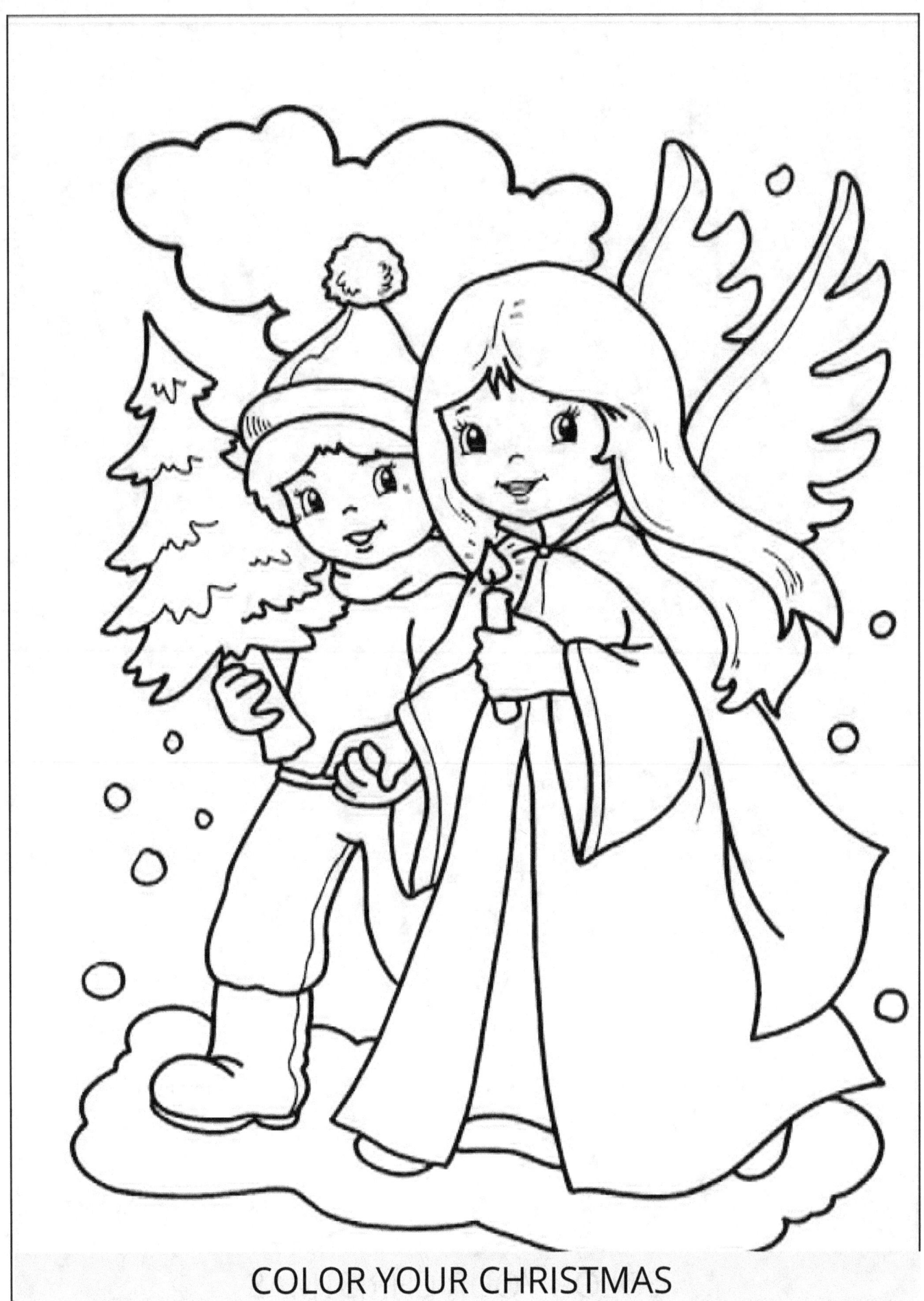

COLOR YOUR CHRISTMAS

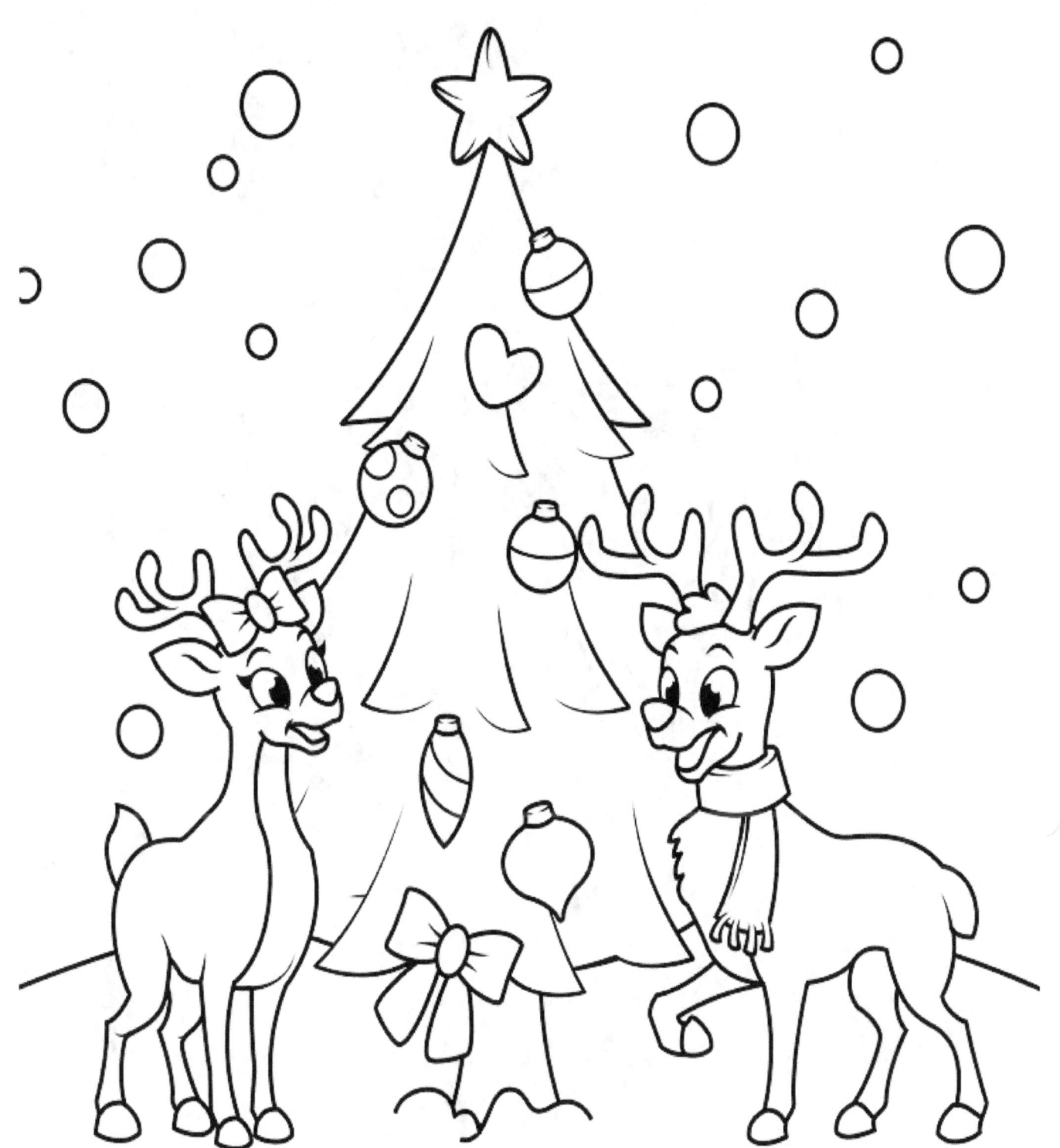

COLOR YOUR CHRISTMAS

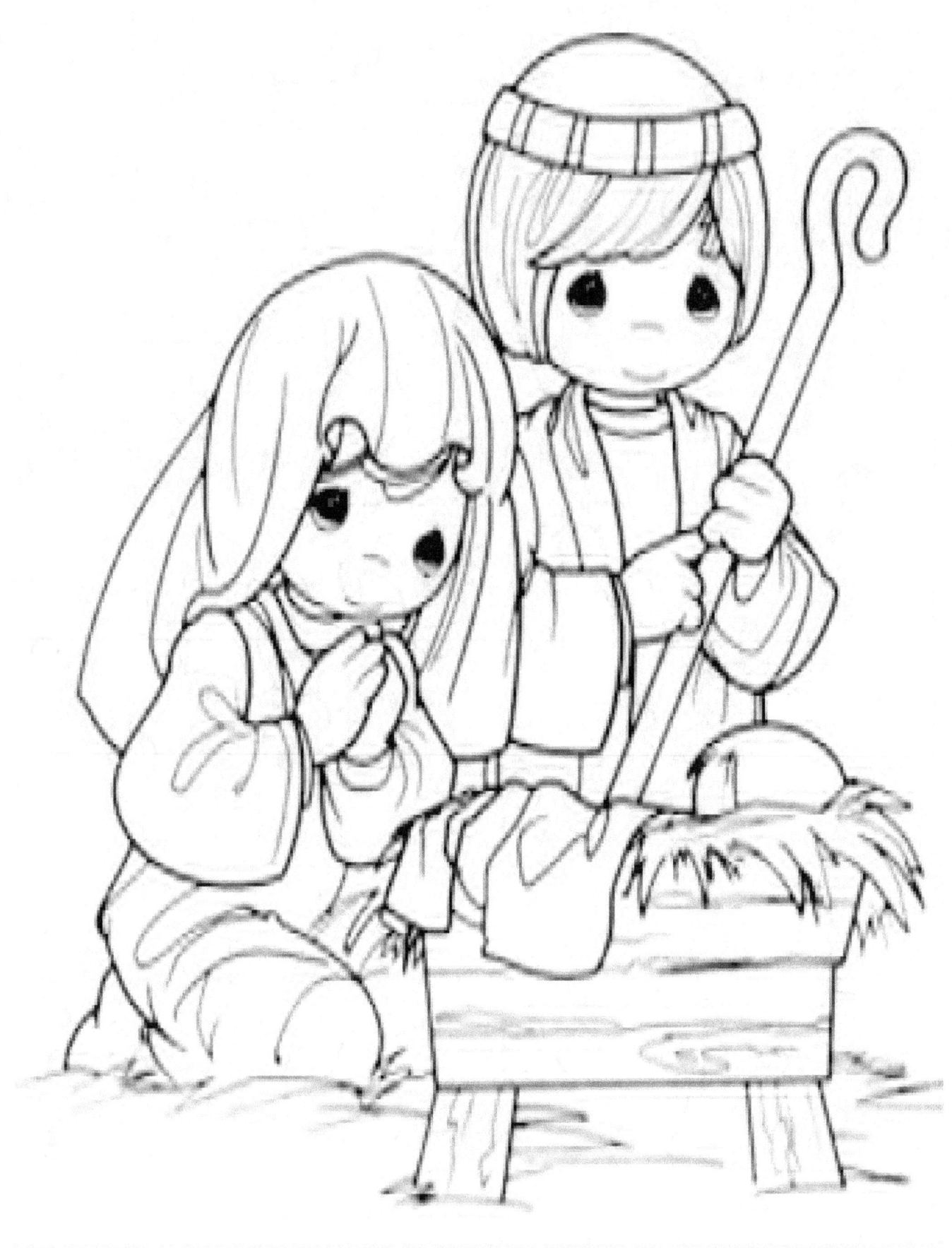

COLOR YOUR CHRISTMAS

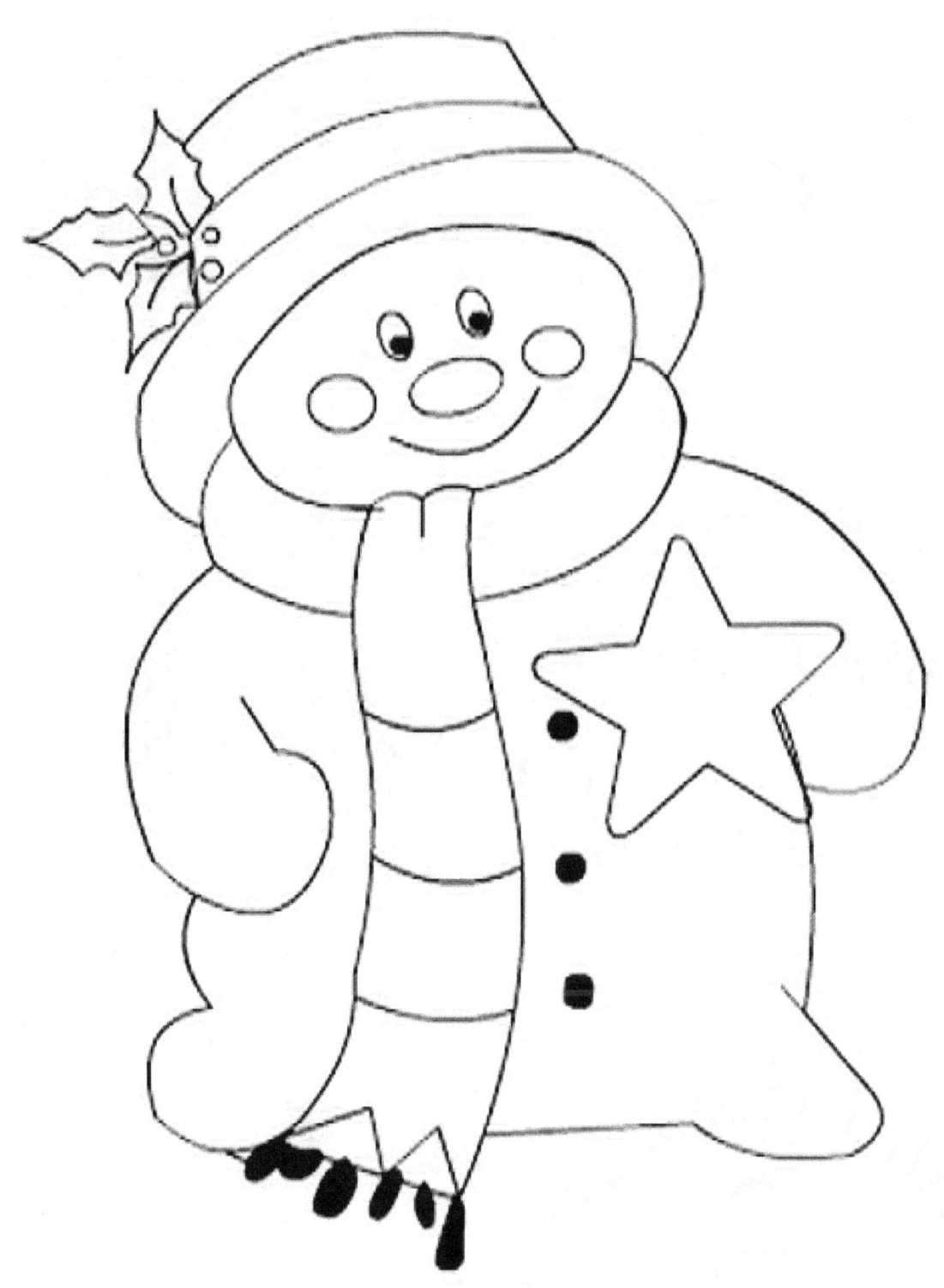

COLOR YOUR CHRISTMAS

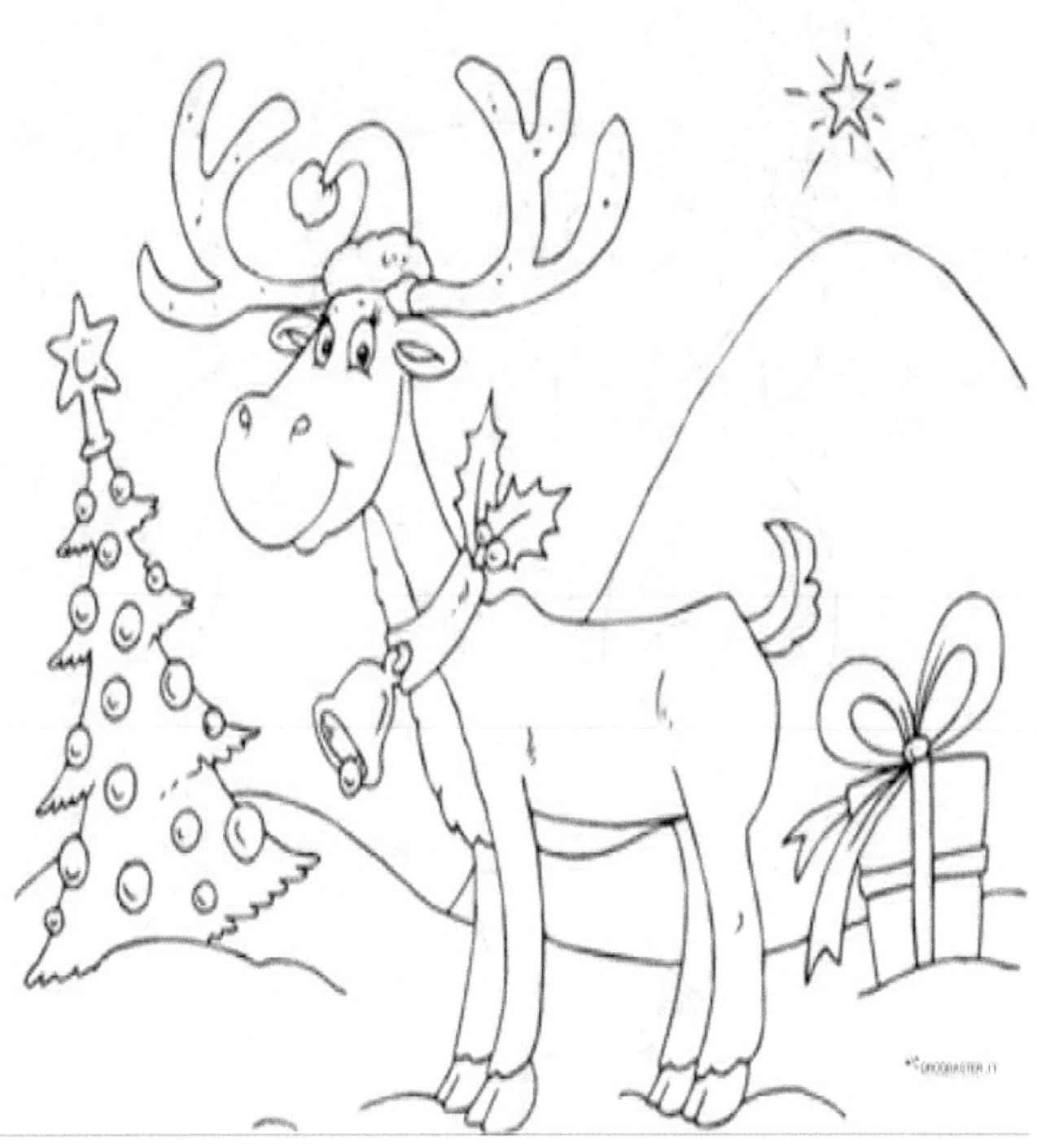

COLOR YOUR CHRISTMAS

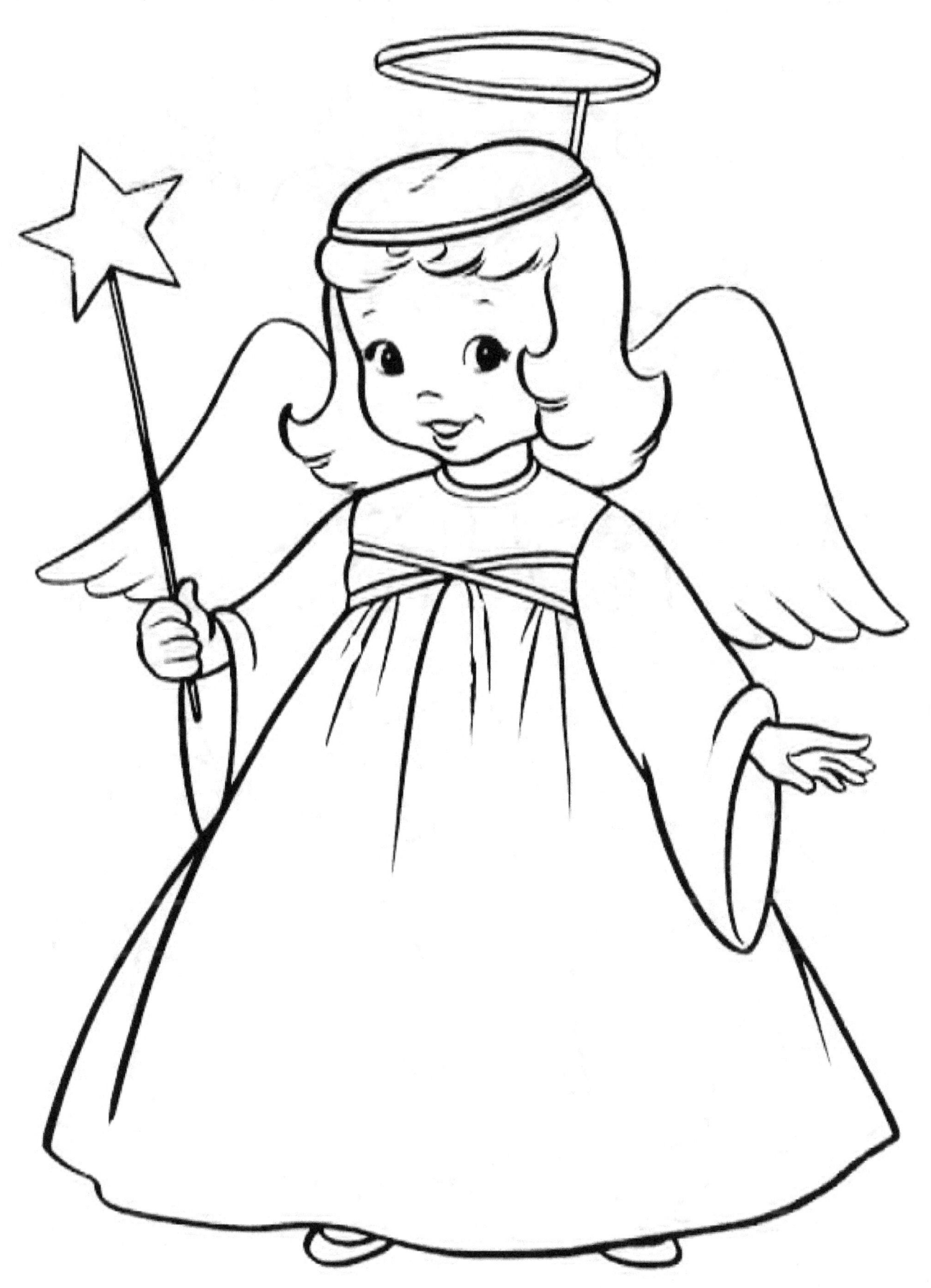

COLOR YOUR CHRISTMAS

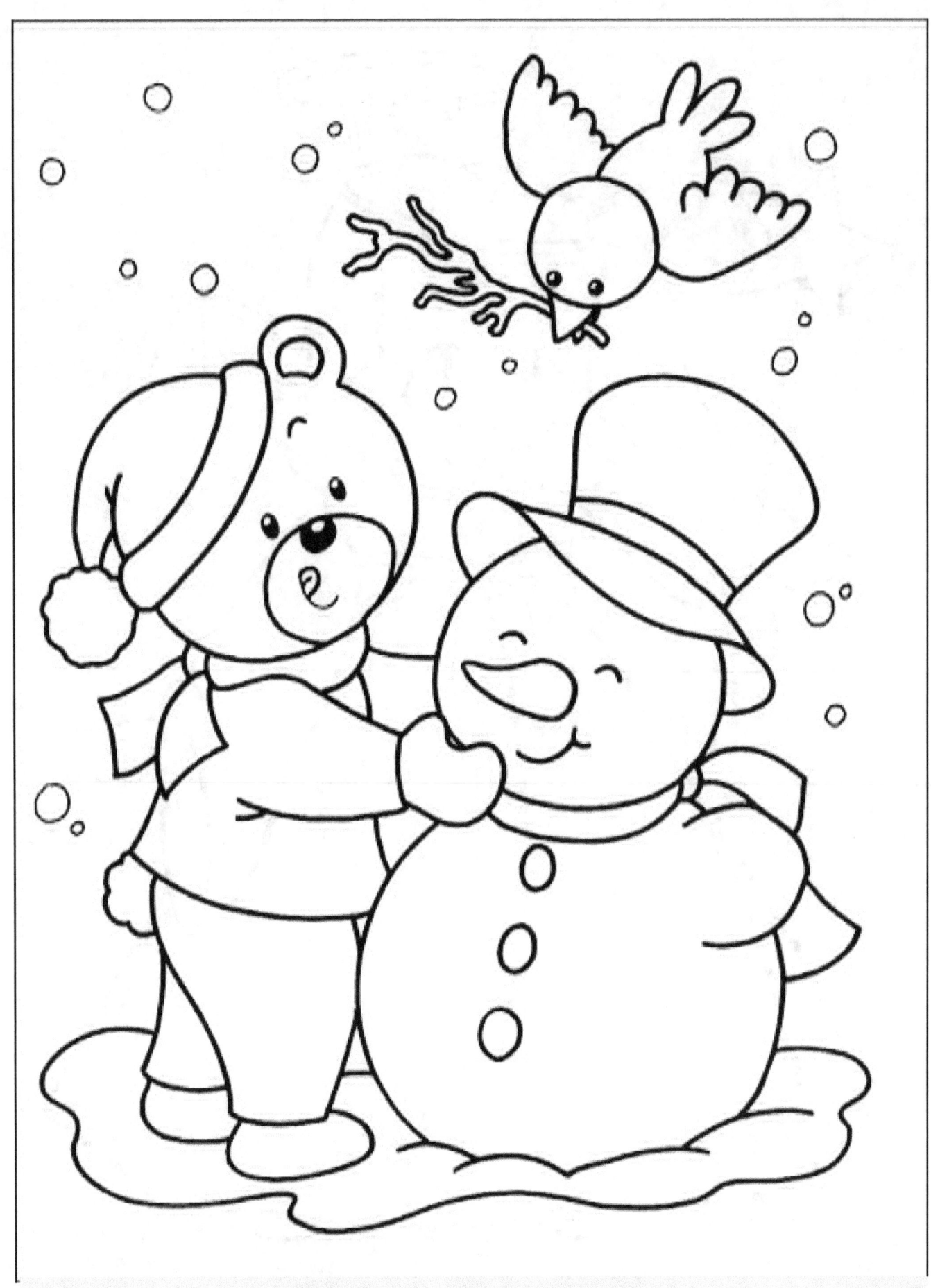

COLOR YOUR CHRISTMAS

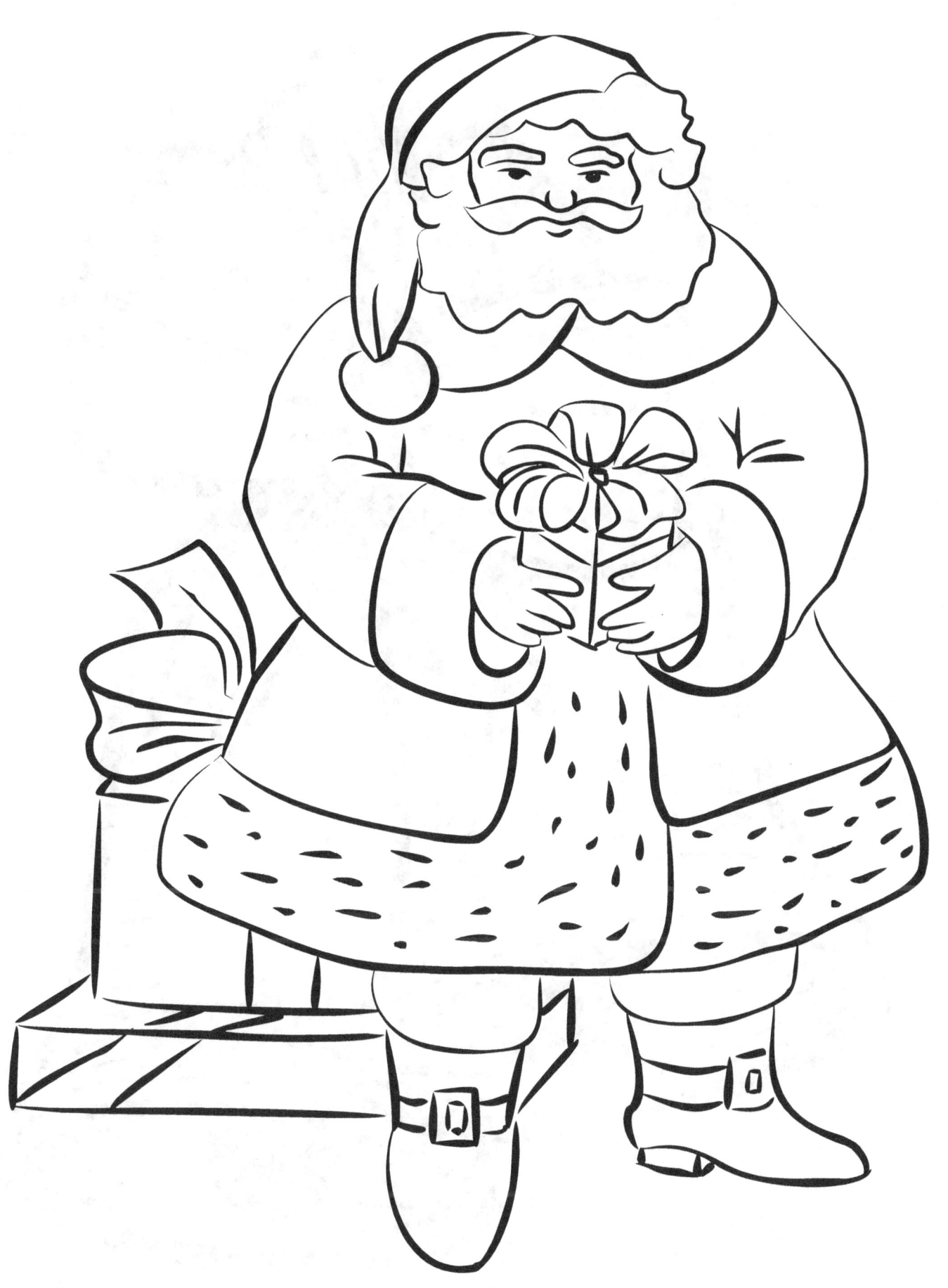

COLOR YOUR CHRISTMAS

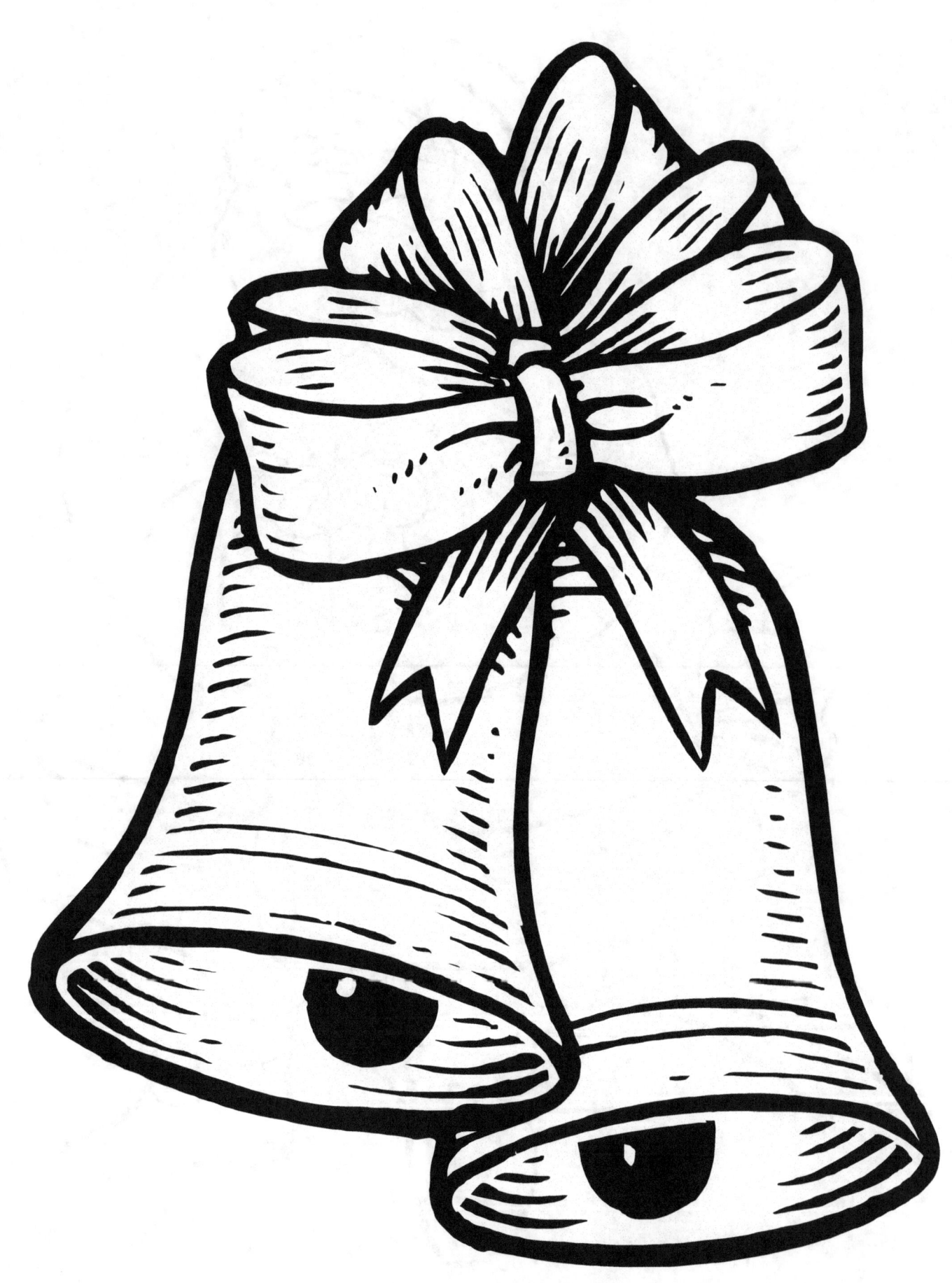

COLORA IL TUO NATALE

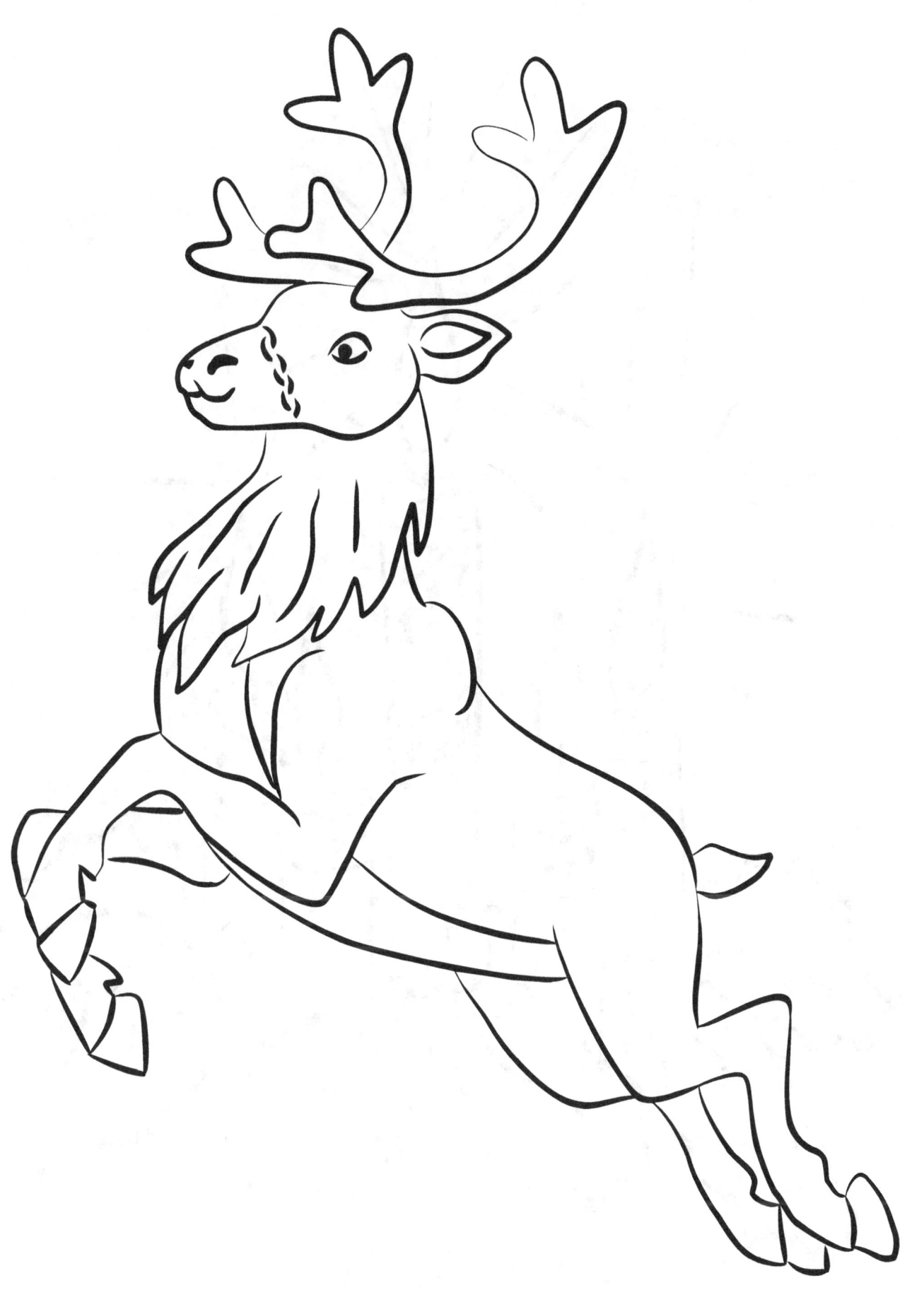

COLORA IL TUO NATALE

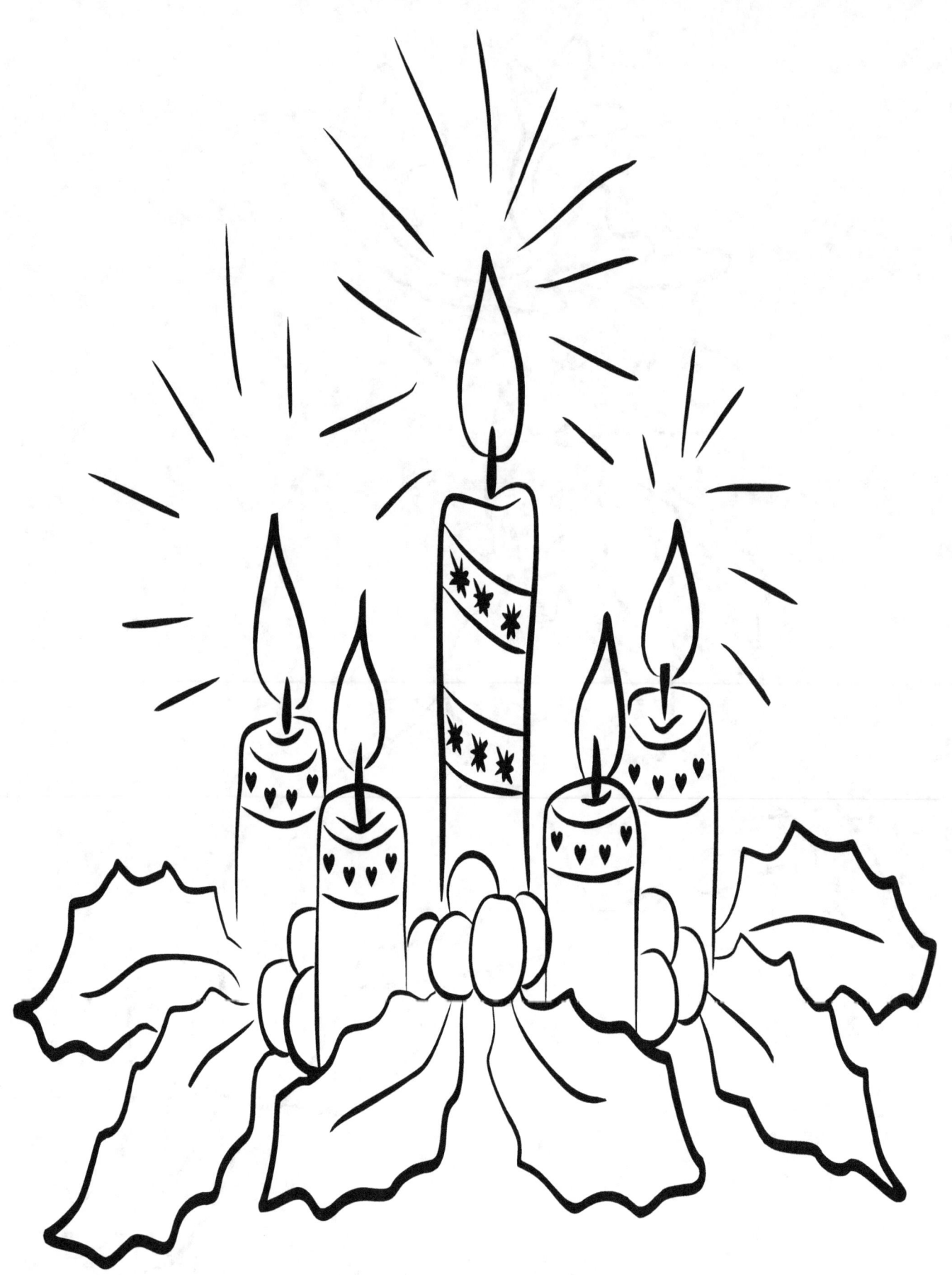

COLORA IL TUO NATALE

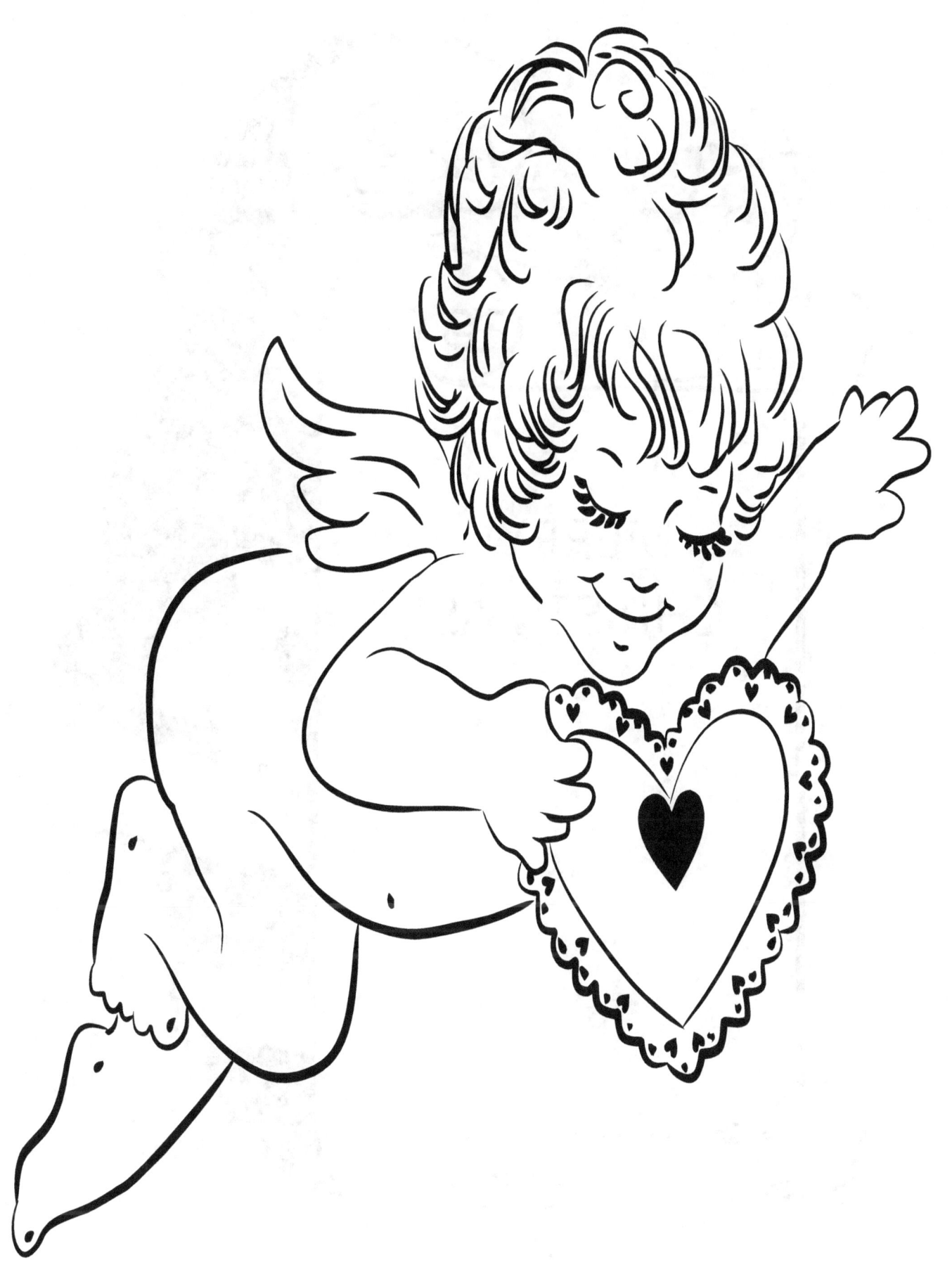

COLORA IL TUO NATALE

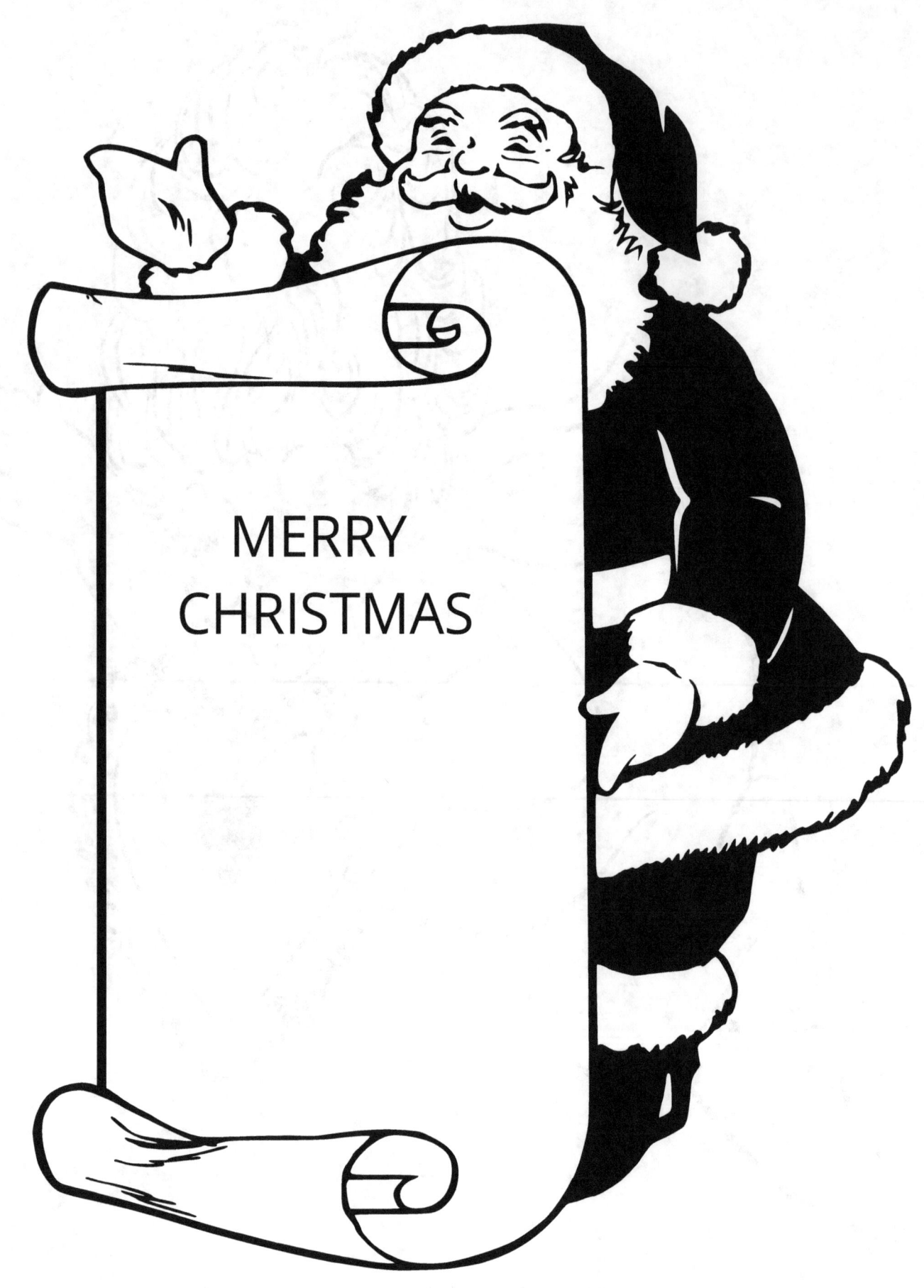

www.ingramcontent.com/pod-product-compliance
Lightning Source LLC
Chambersburg PA
CBHW080821220526
45466CB00011BB/3648